M. L'ABBÉ BESNARD

(LOUIS-JOSEPH-GABRIEL)

VICAIRE GÉNÉRAL

DE SA GRANDEUR MONSEIGNEUR L'ARCHEVÊQUE DE TOURS

A.-H. JUTEAU
AUMONIER DU LYCÉE DE TOURS
OFFICIER D'ACADÉMIE
PRÉSIDENT DE LA SOCIÉTÉ ARCHÉOLOGIQUE DE TOURAINE
MEMBRE DE LA SOCIÉTÉ D'AGRICULTURE, SCIENCES, ARTS ET BELLES-LETTRES
D'INDRE-ET-LOIRE

M. L'ABBÉ BESNARD

(LOUIS-JOSEPH-GABRIEL)

VICAIRE GÉNÉRAL

DE SA GRANDEUR MONSEIGNEUR L'ARCHEVÊQUE DE TOURS

NOTICE BIOGRAPHIQUE

TOURS
IMPRIMERIE PAUL BOUSEREZ
5, RUE DE LUCÉ, 5

M. L'ABBÉ BESNARD

(LOUIS-JOSEPH-GABRIEL)

VICAIRE GÉNÉRAL

DE SA GRANDEUR MONSEIGNEUR L'ARCHEVÊQUE DE TOURS

NOTICE BIOGRAPHIQUE

Au livre du Lévitique (1), nous lisons que deux prêtres, *Nadab et Abiu, fils d'Aaron, ayant pris leurs encensoirs, offrirent au Seigneur un feu profane et étranger, contrairement à ce qui était prescrit* par la loi.

Le châtiment ne se fit pas attendre : *Le feu du ciel les dévora, et ils moururent sur place en présence du Seigneur.* La peine, si sévère déjà, fut encore aggravée : Moïse, sur l'ordre de Dieu, fit jeter leurs corps en dehors du camp ; et, comme Aaron, père des coupables, éperdu, gardait le silence, que les autres prêtres, leurs frères, allaient s'abandonner à leur douleur ; Dieu leur fit défendre toute marque extérieure de chagrin : *Ne dépouillez pas vos têtes, laissez le peuple pleurer.*

Nadab et Abiu, frappés d'une façon si terrible, sont atteints plus durement par le silence d'Aaron, et par ce fait que les prêtres ne doivent point porter leur deuil, ne peuvent pas les pleurer ;... mais ils avaient osé présenter au Seigneur un feu profane et un encens étranger !

L'Église de Tours vient de perdre un de ses meilleurs serviteurs, un de ses guides les plus zélés, un de ses prêtres les plus édifiants.

Collaborateur intelligent, fidèle et dévoué de cinq prélats illustres, qui tous ont su l'apprécier et l'ont successivement

(1) Chapitre x.

honoré de leur confiance, il était le doyen d'âge des vicaires généraux de France.

Il portait, depuis soixante années le poids et l'honneur du sacerdoce, depuis quarante-cinq ans l'honneur et le poids du vicariat général, ayant gouverné trois communautés importantes du diocèse, l'une pendant vingt ans, les deux autres depuis l'année 1834 jusqu'à sa mort.

Durant sa longue carrière sacerdotale et dans l'exercice de ses fonctions, aussi élevées que diverses, il n'a point laissé s'éteindre la vive et pure flamme de son ordination, il a constamment offert au Seigneur son Dieu, l'encens d'une vie humble, mortifiée et miséricordieuse; aussi son corps a-t-il été enseveli avec honneur dans le lieu qu'il avait lui-même choisi; et bien loin qu'Aaron dût garder le silence, le premier pasteur du diocèse a déjà élevé la voix pour le glorifier, pour célébrer *les vertus dont il a constamment donné l'exemple à ses confrères dans le sacerdoce*, pour louer cet *homme détaché de la terre*, et dont la *seule préoccupation en ce monde était de mourir saintement*, pour rendre justice à *cette foi vive, à cette piété sincère qui fut l'inspiration de son dévouement pour les œuvres diocésaines*, pour convier enfin le clergé tout entier au deuil et à la prière, *devoir de charité, d'amitié et de reconnaissance.*

Cette grande vie est humble et simple; ce saint prêtre a, pour l'honneur de Dieu, accompli fidèlement tous les devoirs de sa charge; rien en dehors; aucun fait qui éclate et appelle l'attention du monde; encore une fois sa vie est simple : aussi allons-nous essayer de la raconter simplement; c'est notre devoir de le faire pour l'édification de tous et la gloire du clergé de Touraine.

I

Louis-Joseph-Gabriel Besnard est né à la Grange, commune de Joué-lès-Tours, le 31 octobre 1794, d'une famille modeste,

(1) *Lettre circulaire de Mgr l'Archevêque de Tours*, au clergé de son diocèse, annonçant la célébration d'un service funèbre en l'église métropolitaine pour le repos de l'âme de M. l'abbé Besnard, ancien vicaire général. 17 décembre 1878.

mais honorable. Il fut élevé chrétiennement, bien que la religion fût alors proscrite; la preuve, c'est que nous le retrouvons, dès l'année 1805, se préparant au sacerdoce, se préparant de loin, sans doute, mais obéissant déjà à une vocation marquée.

C'était l'heure où les membres du clergé échappés aux périls de nos luttes sociales essayaient, sur tous les points de la France, de réunir les pierres dispersées du sanctuaire pour reconstruire l'édifice de l'Église, jeté bas par plus de dix années de troubles et d'anarchie; c'était le moment où l'on cherchait à reconstituer dans chaque diocèse les écoles ecclésiastiques et à rassembler, sous une direction plus ou moins improvisée, les jeunes enfants qui annonçaient d'heureuses dispositions pour la piété et la science sacrée.

Dans une petite maison de la rue des Ursulines, un diacre, M. l'abbé Douillac, dirigeait une colonie fort modeste encore de maîtres et d'élèves constituant alors le petit et le grand séminaire tout ensemble; c'est là que la Providence conduisit, dès l'âge de dix ans, pour l'initier de bonne heure et le préparer à la vie ecclésiastique, le jeune Joseph Besnard.

Tout de suite il se fit remarquer par sa vive intelligence, son jugement sain et la plus heureuse mémoire; si bien qu'à dix-huit ans, grâce à ce travail opiniâtre dont il ne devait plus jamais perdre l'habitude, il avait achevé ses études et était prêt pour les ordres.

Les saillies d'un tempérament vif, une roideur de caractère un peu prompte et brusque favorisaient dès lors, bien loin d'y mettre obstacle, d'étroites relations, des amitiés fidèles qu'appelaient à lui sa belle intelligence et son excellent cœur. Il avait rencontré dans cette humble maison, placés comme lui sous la direction de M. l'abbé Douillac, M. Benoin, qui s'engagea plus tard dans la Compagnie de Jésus; M. Lesourd, qu'il devait retrouver comme professeur dans ce même petit séminaire réorganisé, et M. Maille, morts tous les deux, l'un curé de Notre-Dame-la-Riche, et l'autre de Cangey; compagnons de la première heure, ils sont restés les amis dévoués de sa vie tout entière.

L'œuvre personnelle et la plus importante aussi de M. l'abbé Besnard fut l'organisation et la direction de la communauté des sœurs de Saint-Martin de Bourgueil : la pensée et l'inspiration de Dieu se dénonce ici clairement, ce semble.

En effet, le jeune lévite est envoyé, dès le premier jour, au lieu même où s'élèvera sa communauté qui n'existe pas encore; qui doit, dans ses pérégrinations diverses, avant de se fixer, rencontrer mille difficultés, et ne lui être confiée, pour être enfin fondée sûrement, qu'après bien des épreuves.

Il vint à Bourgueil pour faire l'éducation des fils de M. Goupil de Bouillé. Le château de Pavée est à deux pas des bâtiments de l'abbaye; le jeune précepteur, visitant ces ruines abandonnées, ce vieux cloître, ces restes encore magnifiques de l'antique monastère bénédictin, eut-il le pressentiment de leur avenir? Put-il deviner que par lui, par ses soins, la prière, les saints offices, la vie religieuse, abrités là pendant si longtemps, seraient un jour rendus à ces lieux désolés? Imagina-t-il que de ces deux enfants dont il avait la garde, l'un mourrait, après un ministère dont la modestie et la charité se sont disputé toutes les heures, aumônier de sa communauté, et l'autre, chef d'une des plus honorables familles de la contrée, resterait toute sa vie le fidèle et généreux protecteur de ses religieuses? Je ne sais; mais il avait reconnu le terrain où son zèle devait plus tard s'exercer, et jeté, par l'estime et l'affection qu'il sut se concilier, les bases premières de cette influence, de cette action qu'il lui serait si nécessaire de déployer plus tard dans ce pays.

Il ne fit pourtant que passer à Bourgueil. Le soin de deux enfants ne suffisait point à son activité ; on voulut que ses talents pussent profiter à un plus grand nombre, il fut nommé professeur de seconde au petit séminaire placé alors sous la direction d'un prêtre habile, M. l'abbé de Kéransquer ; dans cette classe, au nombre de ses élèves il distingua son futur collègue, qu'une destinée semblable à la sienne devait conduire aux premières charges du diocèse, M. l'abbé Malmouche, son ami, et aujourd'hui son successeur.

Ordonné prêtre par le vénérable Mgr du Chilleau, le 16 décembre 1818 (1); il fut immédiatement nommé vicaire du Grand-

(1) M. l'abbé Besnard reçut la tonsure des mains de Mgr du Barral, le

Pressigny. On retrouverait peut-être, en cherchant bien, la raison de ce début modeste dans une carrière qui devait être si brillante ; mais quelle position, pour humble qu'elle soit, ne permet à l'homme intelligent, au prêtre zélé de se révéler ? Il apparut bientôt que le champ n'était pas assez vaste pour l'habile ouvrier, et, dès le 16 novembre de l'année suivante, M. l'abbé Besnard était appelé à la cure de Barrou, qu'il desservait déjà, à titre provisoire, depuis plusieurs mois.

Sa franchise, la simplicité de ses manières, la régularité de sa vie, sa science et sa piété lui gagnèrent bientôt tous les cœurs. Il n'a point cessé, jusqu'à la fin, d'aimer la paroisse de Barrou et de s'intéresser à ses besoins ; dans les proportions modestes nécessitées par une fortune restreinte, il a laissé, dans son testament, un legs à sa première paroisse qui témoigne en faveur de son bon souvenir. D'ailleurs il n'a point attendu si tard pour le prouver. La paroisse de Noizay, plus rapprochée de Tours, plus agréable sous certains rapports, lui fut offerte ; il refusa et obtint de rester à Barrou. Vers ce temps la ville de la Guerche demeura plusieurs années sans pasteur : le curé de Barrou dut subvenir aux besoins spirituels des deux paroisses. Il le fit avec un élan et une charité qu'on n'a point encore oubliés dans le pays.

En 1826, Mgr de Montblanc étant alors archevêque de Tours, la nouvelle administration du diocèse songea à confier à M. l'abbé Besnard un poste plus important ; il fut nommé curé-doyen de Château-la-Vallière. Faut-il dire que cela lui coûtait beaucoup de quitter Barrou pour la cure de canton? Toujours est-il que sur ces entrefaites, la paroisse de Neuvy-le-Roi étant devenue vacante, il osa manifester ses préférences ; l'administration voulant avant tout lui être agréable, il n'eut qu'à choisir.

Curé de Neuvy-le-Roi, le 11 octobre 1826, il fut installé par

21 avril 1810 ; Mgr Montault, évêque d'Angers, lui conféra les ordres mineurs et le sous-diaconat, le même jour, le 1er mars 1817 ; l'année suivante, 7 mars 1818, il est ordonné diacre à Poitiers, par Mgr de la Broüe de Vareille, et élevé à la prêtrise le 19 décembre de la même année ; ses lettres d'Ordre sont signées Soyer, vicaire général de Poitiers, évêque nommé de Luçon.

Mgr Sauzay, évêque de Séez, alors en visite chez un de ses amis, M. de Montmorency, grand propriétaire des environs.

Durant plus de cinq années, le jeune doyen a travaillé avec un zèle et une ardeur dignes de tout éloge à l'organisation temporelle et à l'avancement spirituel de sa paroisse, ne négligeant aucune des œuvres du ministère, et portant partout cet esprit de mesure, fait de respect de l'autorité et de bon sens, qui défend de toute faiblesse comme de toute exagération, qui veut l'accomplissement strict du devoir dans la plénitude de la miséricorde et de la charité.

Nul doute que l'esprit chrétien demeuré si vif à Neuvy ne soit dû, dans des proportions qui n'infirment point l'effort et le mérite des autres, au zèle, à la prudence et à l'intelligence de M. l'abbé Besnard.

Il établit ou réorganisa, tout au moins, une association pour les femmes pieuses qui subsiste encore; contrairement, peut-être, à un usage plus suivi, il y admettait aussi bien les femmes mariées que les jeunes personnes, donnant ainsi plus de maturité, plus de sérieux à son œuvre, ne voyant point d'avantages à séparer la mère chrétienne de la fille pieuse. D'ailleurs il n'est pas toujours possible de multiplier les œuvres; et beaucoup échouent faute d'avoir été établies sur des bases assez larges; trop de divisions engendre la faiblesse ; l'union ne fait pas seulement la force, mais aussi la durée.

Il s'emparait de l'esprit des hommes par l'élévation, la méthode et la lucidité de son enseignement ; dans ses sermons, toujours courts, habilement composés, vigoureux, d'un style châtié, il abordait rarement ce qu'on nomme à tort, sans doute, les grandes questions; il faisait un catéchisme élevé, chaque dimanche ; lui gardait ses divisions, sa forme simple et ses conclusions pratiques. C'est là ce qui ravissait ses auditeurs ; mieux que cela, ce qui les convertissait ; tout le monde entendait cette doctrine et la goûtait, ce qui n'empêchait point les hommes plus instruits de reconnaître l'orateur et de l'apprécier. C'était au moins l'avis d'un de ses paroissiens, ancien procureur du roi, qui ne cessait point de célébrer la diction pure, l'élégance, la précision et la chaleur tout ensemble de la parole de son curé.

La congrégation servait de nœud à la piété des femmes dans

sa paroisse; sa parole fut l'aliment de la foi des hommes, presque tous revenus aux pratiques chrétiennes.

C'est cette parole éloquente qui devait le mettre en relief et déterminer sa promotion aux postes les plus élevés de l'administration diocésaine.

Au commencement de l'année 1833, le vénérable Mgr de Montblanc était à la recherche d'un prêtre pieux, zélé et instruit auquel il put confier l'importante charge de vicaire général.

Depuis le rétablissement du culte et de la hiérarchie ecclésiastique, ces hautes fonctions n'avaient guère été remplies que par des prêtres étrangers au diocèse; mais la jeune génération qui, au sortir de la tourmente révolutionnaire, avait répondu sans retard à l'appel des premiers pasteurs, atteignait à l'âge de la maturité, prête pour tous les besoins, pleine d'ardeur et toute virile. Nous avons vu que M. l'abbé Besnard ne s'était laissé devancer par personne, et sans rechercher aucune distinction, était propre à les recevoir toutes.

La Providence marche à ses fins par des voies mystérieuses, mais sûres; elle devait, en cette circonstance, arriver à son but d'une façon simple, mais tout aimable et gracieuse. L'Esprit-Saint nous dit qu'*un ami fidèle est un incomparable trésor :* M. l'abbé Besnard avait un ami fidèle.

M. l'abbé Boulay, mort il y a quelques années doyen du chapitre de l'Église métropolitaine de Tours, alors secrétaire particulier de Sa Grandeur, le connaissait depuis longtemps, l'aimait et l'estimait; il eut la pensée d'user discrètement de la confiance dont il jouissait auprès de son archevêque, à si juste titre, pour servir son ami.

Un jour, — l'anecdote est sûre, elle est attestée par les prêtres de ce temps les plus graves et les plus dignes de foi, — qu'ils cheminaient ensemble et précisément vers Neuvy-le-Roi, pour la cérémonie de la confirmation, Mgr de Montblanc, toujours préoccupé de la pensée d'un nouveau vicaire général à trouver, M. l'abbé Boulay lui dit, avec la familiarité respectueuse qu'autorisait la bonté de son supérieur, et aussi la droiture de ses intentions : « Monseigneur, pourquoi aller chercher si loin? N'avez-vous pas dans votre diocèse des prêtres intelligents, dévoués? Tenez : celui que nous allons voir vous conviendrait merveilleusement bien! »

Monseigneur n'eut garde de se prononcer; il ne faut pas aller trop vite en semblable matière, et puis Sa Grandeur ne connaissait qu'imparfaitement M. le curé de Neuvy-le-Roi.

L'abbé Boulay insista doucement.

« Si vous consentiez à tenter une épreuve, Monseigneur, elle vous déciderait peut-être. Faites monter en chaire, tout à l'heure, à ma place, M. l'abbé Besnard; pris ainsi à l'improviste, vous verrez quel talent de parole, quelle doctrine élevée et sûre il possède; vous apprendrez par là à le connaître. »

Mgr de Montblanc goûta l'idée : M. le curé de Neuvy-le-Roi dut s'exécuter et parler devant lui. L'attente de l'amitié ne fut point trompée, et l'événement montra bien que le jeune secrétaire avait vu juste et qu'il connaissait son ami.

L'improvisation de M. l'abbé Besnard fut des plus remarquables. Fidèle à sa méthode habituelle, il présenta, dans un rapide exposé, — le souvenir du sujet traité est venu jusqu'à nous, — l'ensemble de la doctrine catholique, en expliquant successivement les articles du symbole; ceux qui l'ont entendu parler, même en ces derniers temps, avec son esprit d'ordre et de méthode, avec la clarté et l'abondance aisée de son style, se feront aisément l'idée de ce qu'il dut être en cette circonstance, jeune encore, plein de zèle, au milieu d'une population sympathique qu'il évangélisait depuis cinq ans, et stimulé par la présence de son archevêque.

Sans soupçon du complot formé en sa faveur, l'émotion de ce jour passée, M. l'abbé Besnard avait repris ses fonctions et ses travaux ordinaires, quand, un matin, M. l'abbé Dufêtre, premier vicaire général, arriva chez lui sans s'être fait annoncer, apportant sa nomination. Tout d'abord il ne pouvait pas y croire; sa modestie et son humilité s'effrayaient; il voulait refuser. Mais sa soumission l'emporta sur ses scrupules... Il était grand vicaire.

C'est ici, je l'avoue, que ma plume s'embarrasse; il n'est point aisé de louer un vicaire général; il faut, pour cela, une autorité que je n'ai point et la connaissance de détails qui restent toujours le secret de l'administration ecclésiastique; d'ailleurs le vicaire général doit se fondre tellement dans la haute personnalité de son évêque, que les limites de son action et de sa responsabilité cessent d'être entrevues clairement. L'historien hésite, il n'a point à juger, point à discuter, peu à raconter, parce que le grand vicaire ne parle plus, n'agit plus sans engager un pouvoir dont il n'est que le dépositaire. Il me sera bien permis d'avoir ici recours à une voix pleine de charmes et d'autorité pour rendre ce que je courrais risque de dire mal de moi-même.

J'emprunte ces quelques lignes à la belle oraison funèbre de Mgr Fruchaud, prononcée il y a quatre ans par Mgr Freppel, évêque d'Angers.

« Il possédait (M. l'abbé Fruchaud alors vicaire général du diocèse d'Angoulême) tout un ensemble de qualités par où il devait exceller dans ses importantes et délicates fonctions. Il avait à un haut degré ce tact et cette modestie qui, dans un rang déjà élevé, permettent de se subordonner à la pensée et à la volonté d'autrui, sans rien sacrifier de ce qui fait la dignité personnelle; cette abnégation et ce détachement de soi-même qui consistent à s'effacer dans le commandement, pour ne paraître que dans l'action, à se faire le bras qui exécute, au service de la tête qui conçoit. Nul mieux que lui ne s'entendait à exercer l'autorité, sans trop l'engager ni la compromettre; et l'on ne savait ce qu'il fallait admirer davantage, de sa dextérité à dénouer les situations difficiles, ou du soin qu'il mettait à faire remonter plus haut que lui le succès des œuvres dont il avait eu la peine. Loin de vouloir s'arroger un droit qui n'eût pas été le sien, il se rappelait cette parole de saint Jean : « L'époux est celui à qui est l'épouse; quant à l'ami de l'époux, il est là qui se tient debout à ses côtés, et qui l'écoute, ravi qu'il est d'entendre la voix de l'époux, *gaudio gaudet propter vocem sponsi.* » On le voyait partout et il ne paraissait nulle part, trop heureux qu'on pût l'oublier au second rang où il se plaisait, et qu'on n'eût d'éloges ou d'attention que pour le premier degré de la hiérarchie. »

Il fallait une bouche épiscopale pour dire ces choses : et maintenant ma tâche est facile.

Ils ont tous jugé qu'il avait ces rares et précieuses qualités, ces prélats qui, durant quarante-quatre ans, l'ont maintenu les uns après les autres et sans interruption à ce poste d'honneur où l'avait appelé, le 26 janvier 1833, Mgr de Montblanc, jusqu'à l'heure, dernière et juste faveur de Dieu, où il lui fut permis de se reposer un peu, durant moins d'une année, avant de mourir.

II

Les maîtres de la vie spirituelle et les prédicateurs font souvent cette remarque que les Évangélistes ont écrits vingt, trente années de la vie de notre divin Sauveur avec une seule parole : Il était soumis à son père et à sa mère ; *Et erat subditus illis.* Puis, malgré ce laconisme, quand ils recherchent les enseignements et les leçons de cette vie humble et cachée, ils les retrouvent tous, ils les y puisent comme à pleines mains.]

Loin de nous la pensée trop exagérée de trouver là des similitude ; mais il est bien permis de comparer, dans de respectueuses proportions, le disciple à notre divin maître.

J'ai dit que le vicaire général, satellite fidèle, emporté dans l'orbite du premier degré de la hiérarchie, n'entreprend point d'œuvres qui lui soient propres et ne cherche point, pour lui-même, le triomphe de ses idées personnelles : cela est vrai ; mais si aucune œuvre ne lui appartient, il se dévoue au succès de toutes, et sa gloire est de seconder les idées de son évêque et au besoin de combattre pour elles.

La conséquence c'est qu'il est partout et qu'il prend forcément une place importante, dans le grand labeur de l'administration épiscopale.

Raconter à ce point de vue la vie de M. l'abbé Besnard, ce serait faire l'histoire du diocèse de Tours pendant la durée de son grand vicariat ; ce serait, à coup sûr, une étude intéressante, mais il ne nous est point permis d'entrer en d'aussi longs détails.

Mgr de Montblanc étant mort le 28 décembre 1841, M. l'abbé Besnard fut nommé vicaire capitulaire, — la vacance fut longue et difficile ; — il prit part pendant plus d'une année au gouvernement de l'Église de Tours, rendu plus délicat et compliqué encore par le soin de défendre devant la justice le testament du prélat défunt et par la nomination de M. l'abbé Dufêtre à l'évêché de Nevers.

Le 20 février 1843, Mgr Morlot ayant pris possession de son siége, M. l'abbé Besnard fut nommé premier vicaire général; il n'a plus cessé de garder ce titre jusqu'au jour de sa démission, le 31 décembre 1877.

C'est en cette qualité qu'il organisa en 1853 les solennités qui accompagnèrent à Tours la remise du chapeau à Son Éminence le cardinal Morlot.

Au départ de ce prélat, transféré à l'archevêché de Paris, il fut de nouveau nommé vicaire capitulaire et prit possession du siége pour Mgr Guibert le 27 avril 1857.

Il eut de même l'honneur de la présidence et du gouvernement pendant les courtes vacances qui précédèrent l'installation de Mgr Fruchaud, en 1871, et celle de Mgr Colet, en 1875.

Dans toutes ces circonstances, il se montra à la hauteur de sa mission; prudent, zélé, déployant toujours une activité et une intelligence dignes de tous les éloges.

Tout le monde a remarqué l'esprit de foi qu'il apportait à l'exercice de ses fonctions dans les solennités du culte, le soin vigilant, minutieux qu'il donnait à la préparation des cérémonies; il se plaisait aux beaux offices épiscopaux; sa voix n'a point trahi son cœur, et jusqu'au dernier jour il chantait encore avec une ardeur juvénile les psaumes et les prières liturgiques.

Dirai-je la fatigue des tournées de confirmation si longues, si pénibles, plus pénibles pour le premier pasteur, sans doute, mais rudes encore pour ceux qui se partagent l'honneur et la tâche de le suivre dans ces pérégrinations apostoliques?

Durant quarante-quatre ans, les examens des grands et des petits séminaristes, ceux des jeunes prêtres du diocèse l'ont trouvé, jusque dans cet âge avancé, prêt toujours pour l'interrogation et la réplique, vif dans l'objection, armé d'une argumentation prompte, incisive, mais dont la bienveillance tempérait toujours l'ardeur; durant quarante-quatre ans les ordinations, les consécrations d'églises ou d'autels, les bénédictions de cloches ou de chemins de croix, les synodes, le conseil épiscopal, les retraites ecclésiastiques, — jusqu'à la dernière, où il a paru si humblement pour l'édification de tous, — l'ont montré fidèle et toujours dévoué comme à la première heure.

L'officialité, les résumés des conférences ecclésiastiques, la rédaction de l'ancien rituel, l'administration des séminaires, de la caisse de secours pour les prêtres âgés ou infirmes, l'œuvre des orphelins, le rétablissement de la liturgie romaine dans le diocèse, tous les travaux du ministère, en un mot, ont pris leur part dans cette vie humble et laborieuse, aussi active que longue, dévouée tout entière au service de l'Église et à la gloire de Dieu.

Je n'ai pas besoin, à coup sûr, de parler de son zèle pour l'œuvre de Saint-Martin; dès longtemps il travaillait à ressusciter son culte, et il a placé dès 1839 sa congrégation des religieuses de Bourgueil sous la protection et le vocable de ce grand saint.

Plutôt qu'insister sur ce point, j'oserai commettre une indiscrétion et invoquer ici le témoignage d'un fidèle serviteur de saint Martin, ami de notre vénéré défunt. M. l'abbé Verdier, chanoine de l'Église métropolitaine de Tours, nous écrivait, à la date du 19 décembre 1878 :

« Je crois rendre hommage à la mémoire de M. l'abbé Besnard en rapportant ici deux faits de sa vie qui pourraient être cités avec éloges dans sa notice biographique et nécrologique. L'un se rattache à saint Martin, l'autre à la bienheureuse Jeanne-Marie de Maillé.

« En 1859, on organisa à Tours le premier pèlerinage à Candes en l'honneur de saint Martin. M. Besnard, premier vicaire général, se mit à la tête des pèlerins; ceux qui survivent se souviennent du zèle et de la piété avec lesquels il présida, malgré la fatigue, tous les exercices du pèlerinage, qui fut suivi de tant d'autres.

« M. Besnard, entièrement dévoué à saint Martin et à son œuvre, l'a servie généreusement, car il a remis au trésorier 4,000 francs pour contribuer à la reconstruction de la basilique à Tours.

« Lorsque Mgr Guibert nomma une commission pour préparer la cause de la bienheureuse Jeanne-Marie de Maillé, qui fut introduite en cour de Rome en 1869, M. Besnard déploya dans la direction des travaux préparatoires une intelligence, une activité et une persévérance qui contribuèrent grandement au succès de cette cause si intéressante pour l'Église de Tours.

« J'aime à croire que saint Martin et la bienheureuse Jeanne-Marie de Maillé ont bien accueilli en paradis M. Besnard et l'ont félicité de son zèle pour rétablir leur culte en Touraine.

« Veuillez agréer, etc.

« VERDIER, chan. »

M. l'abbé Besnard présida, pendant de longues années, la fabrique de l'Église métropolitaine, prêtant son concours, au nom de Mgr l'archevêque, à toutes les améliorations, aux travaux de toute sorte, aux acquisitions, aux embellissements et restaurations successives ; rien ne lui restait étranger au milieu de cette multiplicité de détails que comporte la gestion d'une grande Église.

On ne saurait trop redire que c'est par les soins et l'initiative de M. l'abbé Besnard que la *Semaine religieuse* put paraître pour la première fois le 26 avril 1866. Cette feuille qui a rendu depuis de grands services à l'Église de Tours est établie dans des conditions de vitalité encore augmentées aujourd'hui, et qui assurent son avenir.

En 1826 prit naissance, dans la ville de Lyon, une dévotion, depuis répandue dans le monde entier : c'est *le Rosaire vivant*. Cette association forme une assemblée de personnes dont l'union et l'arrangement représentent, autant que possible, le Rosaire de saint Dominique ; elle a pour but de fléchir la colère de Dieu par l'entremise de Notre-Dame, de conserver et de vivifier de plus en plus la foi dans les âmes fidèles, et d'obtenir la conversion des pécheurs et l'exaltation de la sainte Église. Elle compte dans la ville de Tours plus de quinze cents membres. Ses assemblées publiques et privées ont été présidées pendant trente-cinq ans par M. l'abbé Besnard ; il s'est occupé constamment de cette grande et belle association, et c'est à lui, à son zèle, qu'elle doit d'avoir vécu et prospéré au milieu de nous.

A l'issue la mission de 1817, à cette heure où, après de longs troubles et des inquiétudes de toute nature, l'Église de France se retrouvait en possession d'elle-même et espérait jouir longtemps du calme et de la paix enfin retrouvés, une œuvre, la plus ancienne peut-être de celles que nous avons, appelée *Association des Dames de la Providence*, fut fondée et confiée au vénérable M. Dugied, chanoine et vicaire-général honoraire, ami particulier de Mgr du Chilleau, — c'était le premier prêtre auquel il eût donné la consécration sacerdotale. Le but de l'Association, bien connu d'ailleurs, est de s'occuper de petites filles pauvres et délaissées, de les soustraire aux mauvais exemples, aux entraînements dangereux, de les élever chrétiennement, de leur procurer un état, et d'assurer aussi leur avenir, tout en leur donnant les moyens d'assister par la suite leurs parents. La souscription est modique, un franc par mois ! et le bien à faire immense.

A la mort de M. Dugied, décédé le 3 avril 1837, âgé de 79 ans, M. l'abbé Besnard fut placé à la tête de l'œuvre, et l'on n'a point oublié à Saint-Julien la régularité, la ponctualité qu'il apportait à ces réunions alternant avec celles des *Demoiselles de la Providence*, œuvre plus jeune et qui la complète si bien.

Il est nécessaire de s'arrêter dans cette énumération déjà trop longue ; mais qui ne nous pardonnera de nous être attardé ainsi dans le détail de ces occupations variées, de ces œuvres intéressantes qui ont rempli cette grande vie?

L'Esprit-Saint loue celui qui n'a vécu que peu de temps et qui a su multiplier ses bonnes œuvres devant Dieu : que dire de cette longue carrière si pleine et si dévouée?

Et pourtant ce n'est point tout ; je n'ai point, à proprement parler, abordé ce que je nommerais les œuvres personnelles de M. l'abbé Besnard, si tout le bien qu'il a fait ne devait, selon la pensée de Dieu, remonter plus haut ; il a dirigé vingt ans les Filles du Cœur de Jésus et de Marie ; il a gouverné quarante-cinq ans les Religieuses Augustines hospitalières de Chinon, les a établies dans le beau monastère de Saint-Louans ; il a été le véritable fondateur de la Congrégation des Sœurs de Saint-Martin de Bourgueil.

Il faut parler de ces œuvres plus importantes avec quelque détail, car c'est là que nous le retrouverons dans la plénitude de son zèle vraiment apostolique.

III

Le concordat de 1802 avait amené en France le rétablissement du culte; mais que d'entraves liaient encore de toutes parts l'Église catholique dans le libre exercice de ses institutions! La Restauration avait alterné entre des jours de faveurs parfois trop bruyamment accordées et des heures d'injustes et intempestives rigueurs; la monarchie de juillet, issue d'une révolution dirigée contre l'Église et le clergé, ne promettait point des temps plus heureux; et pourtant les religieux avaient, malgré tant d'obstacles, repris pied en France. A côté des ordres religieux retournant, au grand jour, à leur ancienne mission, bien des associations se formèrent sur tous les points de la France pour ressusciter l'antique ferveur et faire revivre la discipline du cloître; bien des tentatives échouèrent; d'autres, plus heureuses, après avoir langui, cherchant leur voie, prirent, au commencement du règne de Louis-Philippe, leur essor, et furent enfin fondées.

Nous ne résistons pas au désir de citer ici ces lignes de M. de Montalembert qui peignent si bien la situation malheureuse des communautés en France après la révolution, et en même temps, l'ardeur et la vitalité de la sève chrétienne que n'arrêtent point les plus rudes obstacles. « Vous avez vu une forêt abandonnée à la cognée du bûcheron; tout paraît mort, dévasté, stérile; les vieux chênes sont tombés, et leur feuillage, desséché, jonche le sol d'alentour; leurs grands bras dépouillés et dépecés, leurs troncs mutilés, gisent à terre: rien n'est épargné, et jusqu'aux jeunes rejetons qui croissent à l'ombre de leurs ancêtres semblent entraînés dans la ruine commune. Et cependant rien n'a péri! De ces cepées que la hache a couronnées, la sève et la vie vont jaillir de nouveau. Tout renaît, tout repousse, tout s'élève et reverdit avec un nouvel éclat. Ainsi, et plus vivace encore, renaît du sein déchiré mais inépuisable de l'Église la race invincible des serviteurs et des servantes de Dieu. »

Ce besoin de vie religieuse s'était manifesté en Touraine; l'heure des essais et des hésitations était passée; l'autorité ecclésiastique allait donner à toutes ces associations, ou rajeunies ou nouvelles, une direction nécessaire et dont dépendait leur avenir.

M. l'abbé Besnard, nommé vicaire général en 1833, fut d'abord chargé de cette délicate et difficile mission; et ce soin pieux, qui a été la tâche de toute sa vie, a été aussi l'œuvre de ses derniers jours, celle qui l'a suivi jusque dans sa retraite.

Tout le monde connaît, à Tours, les religieuses de la congrégation des Sacrés-Cœurs de Jésus et de Marie, établies dans l'ancien couvent des Pères du Saint-Esprit, auprès de l'église de Notre-Dame-La-Riche.

Vers 1805, plusieurs femmes pieuses, parmi lesquelles une ou deux anciennes religieuses carmélites, ouvrirent, avec l'aide de M. l'abbé Guépin, curé de la paroisse, une petite école de filles, dans la rue de Lariche, tout près de la maison actuelle du Refuge. Les débuts de la nouvelle association furent modestes; elle se soutint pourtant et fit du bien autour d'elle.

Le couvent des Pères du Saint-Esprit, qui avoisine si intimement l'église, était devenu une auberge fort fréquentée, et si bruyante que les saints offices en étaient troublés. M. l'abbé Guépin, ayant réuni quelques ressources, l'acheta et y établit les religieuses des Sacrés-Cœurs de Jésus et de Marie sous la direction de Mademoiselle Bourguignon, première supérieure de la jeune communauté.

Aprés la mort de M. Guépin, la nouvelle maison fut confiée à M. l'abbé Lesourd, son successeur, remplacé, peu de temps après, dans cet office, par M. l'abbé Dufêtre; M. Bruchet et M. Fustier, mort le 10 avril 1834, à Saint-Arnoult (Seine-et-Oise), dirigèrent successivement la maison; M. l'abbé Besnard signe pour la première fois dès 1833, en qualité de supérieur, une prise d'habit. Jusqu'en 1856, après l'acquisition de la maison située auprès de l'église Saint-Étienne et l'établissement d'une succursale, il conduisit cette pieuse communauté, donnant l'impulsion à tous ses travaux, veillant à ses intérêts matériels, comme au bien spirituel des religieuses. Ses occupations multipliées et les fréquentes absences auxquelles l'obligeaient ses autres œuvres, le contraignirent à se démettre de cette charge importante, confiée d'abord à M. Alleron, puis à M. Roze, et enfin dévolue à M. l'abbé Malmouche, supérieur actuel de la communauté.

Il est impossible d'écrire même la simple notice biographique d'un personnage comme M. l'abbé Besnard, sans toucher forcément bien des questions qui semblent au premier abord étrangères au sujet, ou tout au moins menacent de vous entraîner trop loin. D'autre part ne faut-il pas profiter de toutes les occasions pour faire revivre un passé oublié trop vite, pour rappeler, même comme au hasard, un nom, un fait, une date qui intéresse ou l'histoire ou l'honneur d'un diocèse? Que de mémoires il faudrait ainsi ressusciter! Et que l'on trouverait dans le passé d'un clergé diocésain, sans sortir de sa sphère intime et modeste, d'intéressantes études et de grandes leçons! Les religieux nous donnent en cela un bel exemple ; mais il faudrait des souvenirs plus vivaces et des liens plus étroits.

M. l'abbé Besnard, par sa longue vie, ses travaux et ses œuvres, nous ramène vers le passé ; on nous pardonnera de le remonter un peu avec lui. Il a gouverné pendant quarante-cinq ans les Augustines hospitalières ; il faut bien que nous fassions l'histoire de cette communauté toute diocèsaine et par son fondateur, et par le lieu de son premier établissement, comme aussi par sa restauration menée de nos jours à bonne fin. M. l'abbé Besnard a écrit lui-même, sur les notes d'une ancienne religieuse, la vie de l'instituteur et premier supérieur de la congrégation.

En dehors des bonnes religieuses Augustines, qui sait l'histoire de M. l'abbé Bouray (1)? Qui sait même son nom ? Et pourtant après avoir lu sa vie on trouvera ces lignes, extraites du manuscrit de M. l'abbé Besnard, non-seulement méritées, mais strictement justes et exactes : « Né dix-huit ans après le fondateur des filles de la Charité, le fondateur des Augustines de Loches mourut huit ans avant lui, après avoir été pendant cinquante-sept ans son contemporain et son émule. Il a été le Vincent de Paul de la Touraine,

(1) M. Delphis de la Cour a lu, à la séance publique académique de la Société d'agriculture, sciences, arts et belles-lettres d'Indre-et-Loire, en 1869, une courte notice sur l'abbé Pasquier Bouray ; il n'indique pas ses sources ; mais il avait sûrement entre les mains une copie du manuscrit retouché par M. l'abbé Besnard, et dont je me suis exclusivement inspiré dans ce travail.

et il ne lui a manqué jusqu'ici que d'être connu pour mériter l'estime et la reconnaissance des hommes. »

Pasquier Bouray naquit de parents pauvres au village de Saint-Germain, près de Loches, en 1594. Messire Jehan Picard, alors curé de la paroisse le prit de bonne heure chez lui, l'instruisit et en fit son clerc; plus tard, ayant reconnu et sa piété et ses aptitudes, il l'envoya au collége de Beaulieu tenu alors par les Pères Barnabites. Il était externe, et chaque jour faisait à pied, en apprenant ses leçons ou récitant ses prières, le chemin de Saint-Germain à Beaulieu; il emportait ses petites provisions pour la journée; mais plus d'une fois il revint le soir, encore à jeun, ayant rencontré quelque malheureux sur sa route; l'amour des pauvres et l'ardent désir de se dévouer au soulagement de leurs misères le dominait déjà tout entier. Ses études littéraires achevées, il trouva dans l'un des pères Barnabites un maître de théologie; de son côté, le curé de Saint-Germain lui enseignait l'Écriture sainte et l'initiait à la connaissance des Pères.

Bientôt Messire Jehan Picard crut pouvoir le présenter à Monseigneur l'Archevêque de Tours; c'était alors Monseigneur Bertrand d'Eschaux, transféré depuis peu de temps du siége de Bayonne à celui de Tours (1617). Il accueillit favorablement le jeune homme et l'admit aux saints ordres. Prêtre en 1619, Pasquier Bouray revint à Saint-Germain aider son vieux maître; il se chargea spécialement des pauvres et des enfants; mais les ecclésiastiques de Loches, voyant tout le bien qu'il faisait, jaloux non pas de ses mérites et de ses œuvres, mais bien jaloux d'en faire profiter leurs fidèles, le déterminèrent à venir s'établir dans la ville; il choisit une petite demeure auprès de l'église paroissiale et, sur ce théâtre plus vaste, se mit à reprendre ses œuvres bien-aimées, le soin des pauvres malades et l'instruction des petits enfants.

Il nous est impossible d'entrer ici dans le détail de cette vie: — peut-être reviendrons-nous plus tard sur ce sujet: M. l'abbé Pasquier Bouray mérite d'être plus connu; — toujours est-il qu'après un assez long séjour à Bordeaux chez le duc d'Epernon, gouverneur de la Guienne, et un voyage à Rome fait dans l'intérêt de ce seigneur qui avait encouru l'excommunication pour avoir frappé Monseigneur de Sourdis, archevêque de Bordeaux, il fut ramené, par son goût pour la retraite et le désir de continuer ses œuvres de prédilection, à Loches, où il ne tarda point à fonder la congrégation des religieuses hospitalières de Saint-Augustin.

Un ancien hôpital abandonné et situé aux portes de la ville était devenu le repaire des vagabonds et des libertins; l'abbé Pasquier Bouray demande à la ville de lui céder cet immeuble, s'offrant de l'entretenir à ses frais, d'y établir et d'y soigner les malades sans ressources, comptant sur la charité chrétienne, qui ne devait point lui faire défaut, pour lui en fournir les moyens.

Approuvé par l'autorité ecclésiastique, il confia ses pauvres à deux religieuses de l'hôtel-Dieu de Tours venues volontairement à son aide; bientôt, attirées par l'esprit de sacrifice dont il donnait l'exemple, par sa sainteté et le bien qu'il faisait, de pieuses jeunes filles vinrent se mettre sous sa direction et travailler avec les religieuses à l'entretien de l'hôpital; Marie Rustault, de Loches, et Marie Poitiers, fille d'un avocat de Preuilly, furent les premières; d'autres suivirent, et bientôt on dut songer à leur donner une règle conforme à leur but et en rapport avec leurs occupations.

L'antique règle de saint Augustin fut choisie avec des dispositions particulières déterminées par Mgr l'Archevêque: Marie Rustault, ou mieux Marie de la Croix, fut la première supérieure de cette communauté naissante.

Les vocations se multiplièrent; et Vierzon ayant demandé des hospitalières de Loches pour son hôpital, une seconde maison fut fondée. Amboise, Bourges, Riom, Clermont, Poitiers, Chinon durent bientôt être dotés d'établissements semblables, à la demande des magistrats et dans l'intérêt des pauvres malades.

Tout cela néanmoins ne se fit point sans difficultés de toutes sortes; à Chinon, en particulier, les obstacles furent sérieux. Comme à Loches, comme à Amboise, l'hôpital était plutôt le repaire des brigands que l'asile paisible de la souffrance soutenue par la charité. M. l'abbé Bouray s'employa si bien pour cette œuvre que, «sur la fin de l'année 1638, il fut en état de conduire à Chinon les religieuses qu'il avait destinées à l'hôpital de cette ville. Il choisit pour prieure de ce nouvel établissement la Rév. mère Marie de la Croix, prieure de la maison de Loches..... Elle eut pour compagnes les sœurs Mathurine de la Nativité et Marthe de Sainte-Monique..... On leur adjoignit une tourière, et, à leur arrivée, elles furent conduites processionnellement et au milieu d'une grande foule de peuple dans le nouvel hôpital dont elles devaient prendre la direction. »

Le charitable fondateur, voyant ses filles établies à Chinon, retourna bientôt à Loches, centre de sa congrégation, qui prenait chaque jour un accroissement plus considérable.

La persécution, qui met le sceau à toutes les grandes œuvres, ne tarda guère à le visiter ; il fut desservi auprès de l'Archevêque de Tours, on lui suscita à Loches des difficultés, et, contraint de céder devant l'orage, il alla se réfugier dans sa maison de Poitiers. Ses dernières années, comme sa vie entière, furent consacrées aux œuvres de charité. Il mourut en 1651, environné de la vénération de tous, emportant les regrets de ses filles spirituelles, auxquelles il laissait le riche héritage de ses nobles et grands exemples.

Après la mort de M. l'abbé Bouray, les hospitalières se répandirent partout en France et jusqu'en Italie ; nous en trouvons à Arles, Carpentras, Guéret, La Palisse, Grenoble, Niort, Aubigny, Beaucaire, Blanzac, etc. etc.

La plupart de ces maisons furent emportées par la tempête qui, en 1793, accumula tant de ruines sur la France ; celles de Poitiers, Arles, Carpentras et Chinon se sont relevées de bonne heure ; Saint-Louans, Luynes et Châtellerault sont de fondation récente.

Nous nous sommes attardé sur ce sujet, parce que M. l'abbé Pasquier Bouray appartient au diocèse de Tours, dont il est l'une des plus grandes gloires ; parcequ'il a été l'instituteur des Augustines hospitalières de Loches, nées dans le diocèse, et enfin parce que M. l'abbé Besnard a continué, pendant quarante-cinq ans, son œuvre toute diocésaine. Si le lecteur trouve que c'est là une digression trop longue, il nous pardonnera, touché comme nous de l'intérêt qu'il y a pour tous à ne pas laisser mourir entièrement un passé qui n'est pas sans mérites et sans gloire.

Le 17 juillet 1780, Mgr de Conzié, archevêque de Tours, approuve, en y ajoutant des règlements spéciaux, les constitutions de la congrégation des religieuses hospitalières de l'ordre de Saint-Augustin. La lettre épiscopale adressée « à nos chères filles les supérieures et religieuses hospitalières des Couvents et Hôtel-Dieu de Loches, Amboise et Chinon en notre diocèse, » autorise l'impression de ces constitutions.

Il nous faut ici restreindre notre cadre et ne plus voir que les religieuses hospitalières du diocèse de Tours, et plus particulièrement celles de Chinon.

Au mois de décembre 1684, Louis XIV avait donné des lettres patentes qui confirmaient l'établissement des Augustines à Chinon (Dom Housseau).

L'hospice occupait l'emplacement de l'ancienne gendarmerie et une grande partie des immeubles qui l'avoisinent. Dès les premières années de la Révolution, les religieuses furent forcées de se séculariser et perdirent tous leurs biens.

Les archives municipales de la ville nous fournissent quelques renseignements précieux sur cette époque.

Le 10 janvier 1793, décharge donnée par les hospitalières; signée: Mestayer, hospitalière, Grandmaison, hospitalière, ce qui prouve que l'hospice avait continué d'être dirigé jusque-là par les Augustines sécularisées; il en fut de même sans doute pendant quelque temps encore et jusqu'à la nomination d'un directeur.

En 1792, le couvent du Calvaire, situé un peu en dehors dé la ville, servait de prison aux prêtres non assermentés; au mois de septembre de la même année, par arrêté du directoire du département, il est transformé en hospice militaire. Au sortir de la Révolution, Mmes de Grandmaison et de Nautonnier vinrent s'y établir et essayèrent de renouer les traditions de charité et de dévouement dont elles avaient gardé précieusement le souvenir avec l'amour de leurs saintes règles.

Peu à peu, quelques religieuses revinrent au bercail; et la communauté essaya de se reformer dans ce nouveau local.

Le 22 décembre 1811, le gouvernement impérial reconnaît et approuve les sœurs hospitalières de Chinon.

Mme Jeanne Herpalier de Grandmaison étant morte le 29 février 1812, Julienne Breton, veuve Perrault, hospitalière de Bourgueil, est élue supérieure le 31 mars de l'année suivante.

M. de Boisjoly curé de Saint-Etienne, de Chinon, dirigeait alors la communauté, composée seulement de cinq personnes.

Le 8 avril 1816, M. l'abbé Souchu, successeur de M. de Boisjoly, est nommé supérieur des religieuses et les gouverne jusqu'au 29 septembre 1833 ; c'est à cette date, à l'occasion de la vêture de la regrettée mère Saint-Louis, que M. l'abbé Besnard, vicaire général depuis le commencement de l'année, signe pour la première fois en qualité de supérieur de la communauté.

Le vénérable curé de Saint-Étienne, M. l'abbé Souchu, décédé en 1855, conserva le titre de supérieur local des Dames hospitalières de Chinon, et put rendre aux religieuses, durant de longues années encore, tous les bons offices qu'elles étaient en droit d'attendre d'un prêtre aussi zélé et aussi vertueux. Mais le jeune vicaire général est l'âme de la maison ; le registre des examens, des vêtures, des professions est là qui en fait foi. Dès lors, que de voyages, que de soins de toute sorte, que d'heures consacrées à l'avancement spirituel des sœurs, comme à l'administration temporelle de leur maison ! Il parle, il écrit, il s'emploie tout entier et veut intéresser tout le monde en leur faveur. Il refait, comme nous l'avons dit, la vie de leur fondateur ; écrit de sa main ce coutumier si sage et si sensé, qui est, au couvent, dans la vie de chaque jour, l'auxiliaire le plus sûr et le plus puissant des saintes règles ; le coutumier, interprétation précise et toute faite des constitutions, devant lequel s'inclinent les supérieurs, et qui prend chaque matin l'inférieur par la main, le conduit sans hésitation et le mène, par le détail, par le menu, s'il est permis de s'exprimer ainsi, à la sainteté ; le coutumier, qui est la volonté de Dieu, l'autorité toujours présente, toujours active, et qui est aussi l'obéissance dévouée et méritoire dans l'acte le plus modeste et le plus humble. Rédigé en 1868 par M. l'abbé Besnard pour ses excellentes religieuses, qu'il connaissait si bien, je l'ai là, sous les yeux, modifié, raturé par son expérience journalière, relique précieuse de celui qui n'est plus, usé, fatigué par de fréquentes consultations, portant partout la trace du soin jaloux d'une observance stricte et scrupuleuse; Je l'ai là, sous les yeux, embrassant toute la vie religieuse et ne comprenant pas moins de deux cents pages toutes écrites de sa main.

Le cérémonial de la congrégation, imprimé d'abord en 1843, puis en 1873, est aussi son œuvre. Le symbolisme des belles cérémonies de la vêture et de la profession, les magnifiques prières, les exhortations qui les accompagnent, c'est lui qui en a donné le sens, c'est lui qui les a décrites.

L'office des religieuses mortes garde aussi la trace de ses inspirations, tout pénétré de son esprit de foi et de cette piété si vraie, même si naïve, dont ceux-là seuls qui l'ont mieux connu ont eu le secret.

Son zèle, le désir de mieux faire, l'entraînèrent plus loin. Il remania, sur plusieurs points, l'antique règle des Augustines. Il a consigné en ces termes ce fait important dans la vie manuscrite de leur fondateur : « Dans le diocèse de Tours, les constitutions de M. Bouray ont reçu, par ordre de Mgr Joseph-Hippolyte Guibert, quelques modifications commandées par la nécessité des temps et par le désir de procurer aux sœurs la facilité d'étendre leur œuvre et d'exercer plus largement la miséricorde et la charité. »

L'année suivante, le 1er février 1873, Mgr Fruchaud, archevêque de Tours, autorisa les religieuses Augustines hospitalières établies à Saint-Louans, près Chinon, « à faire réimprimer leurs constitutions avec les modifications qui avaient été indiquées par Mgr Guibert, et qui ont été faites avec le consentement du chapitre général de la congrégation. »

La pieuse communauté ayant grandi, dut se déplacer dans des conditions qui changèrent un peu sa vie intérieure et donnèrent à ses œuvres un autre caractère. L'hôpital de Chinon était devenu trop étroit pour contenir toutes les religieuses, surtout pour abriter leur noviciat.

Mais la Providence avait préparé un asile où les saints avaient dès longtemps déjà laissé des souvenirs profonds et vivaces, et qui appelait, par le charme de sa situation, l'ampleur de ses horizons charmants, et son isolement relatif, — conditions aimées des ancêtres de la vie monacale, — l'essaim trop nombreux des religieuses hospitalières de Chinon : j'ai nommé Saint-Louans (1) !

C'est M. l'abbé Besnard qui a créé le monastère de Saint-Louans ; il ne savait pas alors quelle surprise lui était réservée, à lui et à ses bonnes religieuses, quel trésor ce sol béni leur gardait, ni quel hôte allait les accueillir, et, à son tour, leur demander une hospitalité meilleure et plus digne ! Pendant que les hommes d'affaires discutaient, saint Louans, du fond de sa tombe dix fois séculaire, déterminait les volontés et concluait, sachant bien qu'il allait retrouver son culte trop longtemps oublié.

C'était cette même place, en effet, qu'il avait choisie au VIIe siècle quittant l'abbaye de Saint-Mesmin-de-Mici, près Orléans, fondée par Clovis en 508, pour s'y faire une solitude plus entière. Quelques disciples qui l'avaient suivi reposaient autour de son tombeau. Plus tard (973) Amalbert, abbé de Saint-Florent de Saumur, reçoit de Thibault, comte de Touraine, l'oratoire qui les abritait, et que la reconnaissance des fidèles avait élevé au lieu même où saint Louans avait été inhumé.

Le cartulaire rouge de Saint-Florent de Saumur, dom Martène et dom Housseau, rapportent qu'au XIe siècle, Frédéric étant abbé de Saint-Florent, le corps de saint Louans fut transféré avec honneur et déposé dans une crypte, sous le grand autel, dans le même sarcophage où il avait été trouvé. Dom Housseau ajoute, parlant de saint Louans et de ses pieux compagnons : « On les plaça au-dessous du grand autel, où, selon toutes les apparences, les corps saints sont encore aujourd'hui (1770) renfermés dans les mêmes cercueils où ils ont été déposés. »

C'est sur cette indication que M. de Cougny insista auprès des religieuses pour les déterminer à faire des fouilles. Les fondations de l'ancienne église existaient encore, le massif qui contenait les tombes fut vite trouvé, et les sarcophages eux-mêmes se montrèrent bientôt. Ils furent ouverts le mercredi 20 octobre 1859, en présence de M. l'abbé Besnard et de M. l'abbé Bourassé, tous les deux délégués à cet effet par Mgr l'Archevêque de Tours. Le résultat de cet examen dépassa toute espérance ; les corps

(1) Les religieuses achetèrent Saint-Louans en 1857, et s'y installèrent au mois de juillet 1858, le jour de la fête du sacré Cœur de Jésus.

saints furent retrouvés en parfait état, et reconnus canoniquement selon toutes les règles, comme l'atteste une déclaration de ce prélat du 30 avril 1860.

Bientôt les corps saints, transportés dans une crypte placée sous le chœur de la nouvelle église du monastère, purent être présentés à la vénération des fidèles ; le culte de saint Louans, ainsi remis en honneur, devint dès lors pour la pieuse maison une source de grâces et de bénédictions.

Ainsi s'ajoute aux agréments du lieu, pour ceux qui recherchent à la fin de leurs jours (1) une retraite tranquille, le charme de ce voisinage béni ; les saints ont aimé à vivre sur cette terre privilégiée ; il fera bon d'y vivre et d'y mourir auprès de leurs restes vénérés. Ainsi pensait M. l'abbé Besnard, préparant déjà, depuis de longues années, l'asile, voisin de la tombe de saint Louans, où il devait se retirer et mourir.

Son attente ne fut point trompée ; c'est à Saint-Louans qu'il est mort, bien qu'il eût marqué autre part la place de son propre tombeau. Les religieuses de Saint-Martin l'ont enseveli, à Bourgueil, avec honneur ; mais il est mort auprès du tombeau du saint dont il a ressuscité le culte.

M. l'abbé Besnard, dans l'œuvre des religieuses Augustines hospitalières, n'a été que le continuateur de M. l'abbé Pasquier Bouray ; il peut être regardé comme le véritable fondateur de la Congrégation des sœurs de Saint-Martin de Bourgueil. La communauté, affiliée dès l'origine au tiers ordre du Carmel, existait depuis une dizaine d'années ; ses commencements avaient été difficiles, tourmentés, en butte à des obstacles de toute nature, jusqu'à l'heure où M. l'abbé Besnard fut chargé par Mgr de Montblanc de la diriger.

L'œuvre est née à la fin de 1824, à Tours, sur la paroisse de Saint-Pierre-des-Corps ; les premières religieuses, — les sœurs

(1) Les sœurs Augustines de Chinon ont fondé dans l'ancien prieuré de Saint-Louans un établissement destiné à recevoir des dames pensionnaires qui désirent vivre tranquilles et un peu éloignées du monde. On ne peut rien désirer de mieux que ce lieu pour la salubrité de l'air, la beauté du site et la commodité du logement. Les prix de pension sont modérés, mais réglés néanmoins d'après les exigences des personnes. Une partie des bâtiments est réservée pour MM. les ecclésiastiques malades ou infirmes. (*Notice sur Saint-Louans.*)

Saint-Paul, Saint-Louis et Saint-Dominique, — s'étaient associées dans la pieuse pensée d'ouvrir une école pour les petites filles pauvres. Une direction un peu changeante, sans dessein arrêté, les transporte, dès le mois de mars 1825, au centre de la ville, dans la rue Saint-François, presqu'en face de l'église aujourd'hui abandonnée ; deux ans plus tard, nous les retrouvons installées à Vouvray, et dans des conditions qui, semble-t-il, auraient dû les fixer ; elles avaient de nombreuses élèves, plusieurs enfants de Tours les avaient suivies, et le vénérable M. Chabert, curé de la paroisse, les aidait et les encourageait de son mieux.

En 1828, la sœur Saint-Paul, la première supérieure, vint à mourir; elle fut remplacée par la sœur Saint-Régis, et dès 1829, la communauté, abandonnant son œuvre commencée, obéissant à une impulsion qui aurait dû rester sans action sur elle, va s'installer à nouveau dans les bâtiments de l'ancienne abbaye de Saint-Pierre de Bourgueil.

En 1830, des embarras nouveaux surgissent : tant de déplacements avaient diminué les ressources des sœurs ; des acquisitions nouvelles grevaient encore leur modeste budget, quand, par surcroît, leur guide, effrayé sans doute par la tournure que prenaient à cette époque les événements politiques, les abandonne, laissant de lourdes dettes et la caisse vide.

Un saint prêtre, M. l'abbé Fournier, curé de Bourgueil, dont le souvenir est encore vivant, vint à leur aide ; plusieurs d'entre elles, appartenant à des familles riches ou aisées, s'imposèrent des sacrifices personnels, et la banqueroute fut évitée.

Mais en 1832, à la suite d'une mesure prise par l'autorité ecclésiastique, et qui ne les atteignait qu'indirectement, les sœurs sont encore sur le point de partir et de quitter, cette fois, le diocèse de Tours.

L'heure était proche, néanmoins, où après tant d'hésitations, de doutes et de fausses démarches, une impulsion vraie et féconde, celle qui vient de l'autorité régulière et s'appuie sur l'obéissance chrétienne, devait mettre un terme à cette situation pénible et amener la véritable fondation de cette congrégation, devenue si florissante et qui a rendu de si grands services au diocèse de Tours.

M. l'abbé Besnard parvint promptement à rétablir l'ordre et à ramener le calme dans la communauté troublée; la vénérable mère Saint-Régis, qui a gouverné la congrégation jusqu'en 1854, donna l'exemple de la soumission.

Une retraite fut aussitôt commencée; les sœurs ne tardèrent guère à sentir l'effet de la parole si ferme et si pieuse du jeune vicaire général; leurs devoirs, les obligations de la vraie vie religieuse leurs furent enfin montrés; sans un doute, sans une hésitation elles acceptèrent cette direction autorisée, et plusieurs d'entre elles, au nom de toutes, vinrent se jeter aux pieds de Monseigneur; elles remportèrent, avec sa bénédiction, l'assurance d'une bienveillance qui ne s'est point démentie et dont le premier acte, si favorable à l'avenir de la communauté, fut la nomination de M. l'abbé Besnard comme supérieur de la maison. Il signe pour la première fois, avec ce titre, au livre des vêtures et professions, le 7 mai 1835.

Durant quatre ans, M. l'abbé Besnard s'occupe à la réforme, ou, pour mieux dire, à l'organisation première des religieuses; il modifie leur costume, il rédige, sur un plan tout nouveau, leurs constitutions; il écrit leur directoire, règle leur office, et détermine le but particulier de leur institut : l'éducation et l'instruction des enfants, la visite et le soin des malades à domicile; et en 1839 il est en mesure d'obtenir de l'autorité ecclésiastique l'approbation canonique de leurs constitutions; les sœurs prennent dès lors le nom de Sœurs de Saint-Martin.

L'année suivante il fait restaurer la chapelle établie dans une vaste salle des anciennes dépendances du couvent; en 1853 il obtient du gouvernement le décret d'autorisation et de reconnaissance légale de la congrégation.

Chaque jour, par ses soins et son dévouement, la communauté s'accroît; de nouvelles maisons sont fondées, et bientôt dans les diocèses de Tours, de Rennes, de Bourges, du Mans, de Poitiers et de Montpellier, leurs établissements se multiplient; on compte plus de quatre cents religieuses réparties dans cinquante-huit maisons.

Pendant plus de vingt ans M. l'abbé Besnard prêche seul les retraites de la communauté, estimant, à juste titre, que c'était le moyen de leur imprimer une direction unique et des principes bien déterminés. On connaît maintenant assez son zèle, l'ardeur de son dévouement, le soin qu'il apportait aux plus grandes comme aux plus petites choses; nous l'avons assez montré à ce point de vue ; on nous pardonnera de ne pas nous étendre davantage sur ce sujet ; il a gouverné la congrégation quarante-trois ans, et jusqu'au dernier jour il est demeuré pour ses bonnes sœurs ce qu'il avait été au début, ferme et miséricordieux, dévoué et paternel, donnant ses soins à l'administration temporelle et ne négligeant aucune occasion de soutenir ses religieuses dans l'esprit de foi, de soumission, de piété et de dévouement qui est la perfection de leur saint état.

La congrégation des sœurs de Saint-Martin longtemps encore fera son œuvre dans l'Église, et portera des fruits de grâce et de bénédiction qui seront l'honneur de son pieux fondateur.

IV

J'ai eu trop souvent, dans le cours de cette notice biographique, l'occasion de parler des talents oratoires de M. l'abbé Besnard pour qu'il soit besoin de revenir longuement sur ce sujet. Tout le monde d'ailleurs, dans le diocèse de Tours, a eu l'occasion de l'entendre : sa parole abondante et facile révélait un grand fonds de science théologique; mais il se plaisait aux sujets simples et pratiques, il aimait à descendre dans le détail de la vie chrétienne, sachant mêler à ses causeries pieuses l'autorité d'une doctrine sûre et d'une incontestable érudition.

Sa correspondance mériterait aussi d'être étudiée; ses lettres d'affaires ou d'administration étaient toujours précises et méthodiques; il allait droit au but sans rien omettre, sans rien ajouter d'inutile.

Souvent il s'élevait familièrement, sans phrases, aux considérations les plus hautes, trouvant le mot délicat, l'expression juste, le sentiment vrai, avec la plus sévère réserve ; sachant descendre, sans effort comme sans trivialité, aux réalités les plus vulgaires, nullement gêné par les chiffres, les embarras journaliers ou les mille détails de la vie de communauté.

Il sait encourager, consoler, relever avec bonté et miséricorde ceux qui sont entraînés, ceux qui pleurent et s'abandonnent à leur faiblesse. Son expérience consommée, sa vigilance toujours en éveil, son esprit d'équité, sa méthode ordonnée et un peu inflexible que corrige et adoucit la bonté de son cœur, très-réelle quoique discrète, se révèlent dans sa correspondance presque quotidienne et jusque dans le moindre billet écrit au courant de la plume.

Nous aurions voulu citer quelques-unes de ses lettres de direction spirituelle à ses bonnes religieuses; on l'aurait retrouvé là tout entier; mais les limites restreintes de ce travail ne nous permettent point de le faire.

Sa maison était simplement réglée, ses habitudes modestes; il travaillait avec suite, ne se laissant jamais détourner des fonctions de sa charge, qu'il accomplissait sans bruit, sans éclat, mais avec une grande persévérance et une grande régularité.

Il était, sous des dehors rudes parfois, serviable, accueillant et facile, mais sans banalité et sans préférences marquées. Son commerce était agréable et sûr; il ne manquait pas de gaîté, une pointe d'esprit malicieuse et fine ne lui déplaisait pas; avec des relations considérables ce n'était pas un homme répandu; pieux, modeste et bon, il a mené, dans toute la rigueur du mot, une vie vraiment sacerdotale.

Les derniers jours d'une existence si laborieusement remplie ont conservé jusqu'à la fin ce même caractère de travail continu et de modestie sans affectation. Démissionnaire le 31 décembre 1877, il se retirait à Saint-Louans, gardant le soin des religieuses Augustines et de la communauté de Saint-Martin de Bourgueil. Cette année de calme, de recueillement, précieuse à tous les points de vue, fut une grande faveur du bon Dieu; séparé des préoccupations très-absorbantes de sa vie, ne gardant aucune lourde responsabilité, il put, à son aise, considérer les jours écoulés, se juger lui-même loin du tracas du monde, préparer sa mort, qui devait être si prompte et dont la pensée, depuis longtemps déjà, ne le quittait guère; il put songer à l'éternité dans laquelle il ne tarderait pas beaucoup à entrer, — étant dans sa quatre-vingt-cinquième année.

Il est mort le 11 décembre 1878, presque subitement, à peine retenu depuis deux jours par une indisposition qui ne s'annonçait point comme devant être grave et décisive; la semaine précédente il avait visité sa communauté de Bourgueil et donné aux sœurs, avant de les quitter, des conseils, des encouragements et sa dernière bénédiction.

Le dimanche il prêche encore dans la chapelle de Saint-Louans, et le lendemein, jour de la solennité de l'Immaculée-Conception, il y célèbre la grand'messe; il allait retourner aux vêpres, fidèle jusqu'à la dernière heure, quand il se sent arrêté par un malaise général; la nuit fut mauvaise; dans la journée du mardi, il se sent mieux, assez bien pour revenir à ses occupations accoutumées; il écrit deux lettres d'affaire; mais le soir il est plus souffrant; le mercredi, vers deux heures et demie, il s'entrenait avec l'aumônier de l'hospice de Chinon, sa conversation était vive comme de coutume, entremêlée pourtant de pensées plus graves et plus sérieuses; tout à coup la douleur l'étreint, il se soulève, jette un cri arraché par la souffrance et retombe sur sa couche; un dernier appel qui n'est qu'un gémissement, ses yeux devenus suppliants, ses mains tendues implorent un dernier secours; l'absolution lui est donnée, et il entre dans l'éternité.

Mgr l'Archevêque voulut se faire représenter à son enterrement célébré, le samedi 14 décembre, dans la chapelle du monastère de Saint-Louans; puis les sœurs de Saint-Martin ayant réclamé le corps de leur père, l'emportèrent pieusement à Bourgueil; huit jours plus tôt, en les quittant, il avait promis de revenir, et voilà que, fidèle jusque dans la mort, il reprenait sa place au milieu d'elles.

Les religieuses, attristées, en l'accueillant pouvaient s'écrier : « O Père! nous espérions vous revoir vivant, et voici que tout mort que vous êtes vous tenez votre parole : hélas! nous vous recevons avec les larmes d'une bien vive douleur, mais d'une douleur adoucie et consolée par votre présence bénie(1). »

Un monument modeste, témoignage de la piété et de la reconnaissance de ses filles, s'élèvera dans le cimetière de Bourgueil au milieu de l'enclos réservé aux sœurs de Saint-Martin, pour indiquer la place de ses restes vénérés; le souvenir de ses vertus, de son zèle

(1) O pater, nos sperabamus te vivum recipere, et ecce mortuum promissum solvis quod non caruit veritate; tamen, te lugentes excipimus, ut de præsentiâ tuâ postmodum exultemus. D. Martène, Thes. Anecd., t. III, page 1819.

et de son dévouement demeurera dans le cœur de tous ceux qui l'ont connu; le bien qu'il a fait lui survivra longtemps, et longtemps encore perpétuera sa mémoire au milieu de nous. Le deuil de ses enfants et de ses amis sera consolé par cette pensée pleine de confiance « que notre adorable Maître a accueilli avec bonté, au seuil de l'éternité, l'âme de celui qui, pendant soixante ans, fut son ministre prudent et fidèle (1). »

Fête de Saint-Louans, 14 février 1879.

(1) Lettre circulaire de Mgr l'Archevêque de Tours.

TOURS, IMP. PAUL BOUSEREZ, RUE DE LUCÉ, 5.

www.ingramcontent.com/pod-product-compliance
Ingram Content Group UK Ltd.
Pitfield, Milton Keynes, MK11 3LW, UK
UKHW020519180726
13839UKWH00005B/2182